CONFÉRENCE DES ATTACHÉS

—

PRÉSIDENCE DE M. BRIÈRE-VALIGNY

Docteur en droit
Avocat général près la Cour impériale de Paris

M. DUPIN

ET

LA QUESTION DU DUEL

DEVANT LA COUR DE CASSATION

PAR

PAUL CHARPENTIER

SUBSTITUT DU PROCUREUR IMPÉRIAL PRÈS LE TRIBUNAL DE CHALONS-SUR-MARNE

—

EXTRAIT DU MONITEUR DES TRIBUNAUX

PARIS

E. DONNAUD

IMPRIMEUR DE LA COUR IMPÉRIALE ET DES TRIBUNAUX

9, RUE CASSETTE, 9

1867

F

ÉTUDES DE JURISPRUDENCE

M. DUPIN

ET

LA QUESTION DU DUEL

PARIS. — IMPRIMERIE DE E. DONNAUD,
9, RUE CASSETTE, 9.

CONFÉRENCE DES ATTACHÉS

PRÉSIDENCE DE M. BRIÈRE-VALIGNY

Docteur en droit
Avocat général près la Cour impériale de Paris

ÉTUDES DE JURISPRUDENCE

M. DUPIN

ET

LA QUESTION DU DUEL

DEVANT LA COUR DE CASSATION

PAR

PAUL CHARPENTIER

SUBSTITUT DU PROCUREUR IMPÉRIAL PRÈS LE TRIBUNAL DE CHALONS-SUR-MARNE.

EXTRAIT DU MONITEUR DES TRIBUNAUX

PARIS

E. DONNAUD

IMPRIMEUR DE LA COUR IMPÉRIALE ET DES TRIBUNAUX
9, RUE CASSETTE, 9
1867

M. DUPIN

ET

LA QUESTION DU DUEL

DEVANT LA COUR DE CASSATION

A la dernière audience de rentrée de la cour de cassation, M. le procureur général Delangle, prononçant l'éloge de son illustre prédécesseur, rappelait avec éclat le grand triomphe obtenu par celui-ci quand il avait ramené la jurisprudence de la cour à la doctrine qui fait tomber sous l'application de la loi pénale les tristes conséquences des duels. Ce n'était pas la seule victoire de ce genre qu'on eût pu citer dans la ongue carrière de M. Dupin. On se rappelle cette autre cause plus récente, dans laquelle le procureur général, réinstallé la veille dans ses fonctions, inaugurait sa rentrée dans le sein de la cour en la ralliant à son opinion sur la question des reprises de la femme. Mais, à l'occasion des duels, le succès de l'orateur avait été peut-être plus frappant encore : il avait fait prévaloir un système contre lequel la cour de cassation s'était prononcée seize fois, et, dans ce débat, fréquemment renouvelé, toujours terminé à son honneur, il avait ému l'attention publique et captivé l'admiration.

Aujourd'hui encore, en parcourant à distance les phases diverses de cette grande cause, on suit avec intérêt ces efforts de volonté, ces ressources de dialectique, ces mouvements d'éloquence par lesquels M. Dupin, après avoir fait partager sa conviction à la cour de cassation sut l'y soutenir victorieusement pendant tant d'années. Et, en même temps, n'est-ce pas un grand spectacle que celui que présente la cour elle-même, accomplissant, sous l'influence de lumières croissantes, cette réforme intellectuelle qui consiste à se dégager de sa propre opinion et à juger sa première doctrine ?

C'est l'histoire de cette évolution, non moins honorable pour ceux qui l'exécutèrent que pour celui qui la provoqua, que je voudrais retracer ici. La question du duel n'a pas cessé de mériter qu'on s'y arrête : chaque jour des faits déplorables nous apprennent qu'il est bon de rappeler la solution qu'elle comporte.

I.

Quel était le système suivi par la cour de cassation avant l'heureuse entreprise de M. Dupin?

Quelque répréhensible que soit le duel au regard de la morale, il ne saurait, pensait la cour, motiver l'application d'une peine. La loi qui nous régit ne l'a point compris dans ses dispositions. Sous la législation antérieure à 1789, il était l'objet de pénalités spéciales, mais les lois qui les avaient formulées ont disparu avec l'ancien ordre de choses, et n'ont jamais été remplacées. Ni le Code pénal de 1791, ni celui du 3 brumaire an IV, ni celui de 1810 n'ont pourvu à la répression du duel. Bien plus, un décret du 29 messidor an II, émané de l'assemblée qui exerçait à cette époque le pouvoir législatif, a reconnu que « le duel et conséquemment les faits qui en sont le résultat ordinaire n'avaient pas été prévus et punis par le

Code de 1791, alors en vigueur, ce qui s'applique nécessairement au Code pénal actuel qui n'a fait que renouveler sur l'homicide, le meurtre, l'assassinat et les blessures, les dispositions de ce Code de 1791, ou du moins ne les a pas étendues. » Quel est, d'ailleurs, l'article du Code pénal actuel en vertu duquel on pourrait atteindre les résultats du duel, et d'abord, l'homicide commis dans ce genre de combat ? Ce n'est pas l'art. 319 « qui a prévu le cas d'un homicide commis volontairement par négligence ou maladresse » ; ce ne sont pas les art. 321 et 326 « qui supposent un meurtre commis sans liberté d'esprit et dans le premier ressentiment d'une provocation par des coups ou par des violences graves » ; ce n'est pas davantage l'art. 295 ni le second paragraphe de l'art. 304, car le meurtre qui est l'objet de ces articles est celui qui a été commis « sans avoir été provoqué, comme dans l'espèce précédente, par des coups ou par des violences, mais sans dessein antérieurement formé, et dans l'emportement subit d'une passion violente ou sous l'inspiration d'un sentiment pervers qui a fait exécuter un crime que la réflexion n'avait pas médité » ; enfin on ne pourrait voir, dans l'homicide accompli en duel, le meurtre commis avec préméditation et qualifié assassinat, parce que « l'assassinat suppose une agression préméditée, non concertée auparavant avec celui sur qui elle a été exercée, accompagnée du dessein de donner la mort, et dans laquelle, s'il y a eu résistance, la défense n'est née que de l'attaque ; que dans le duel, au contraire, il y a toujours convention antérieure, intention commune, réciprocité et simultanéité d'attaque et de défense. » Donc rien dans notre Code ne concerne l'homicide commis en duel. Il en est de même des coups et des blessures que le duel a occasionnés ; et les mêmes distinctions s'y appliquent (1). Sans doute, l'impunité ne

(1) V. notamment l'arrêt du 8 avril 1849, B. 42. C'est

serait pas acquise au duelliste, si le duel n'avait pas été accompagné de formes destinées à en assurer la loyauté, si une circonstance particulière révélait à la charge de l'un des adversaires quelque perfidie ; mais, hors ce cas, l'homicide ou les blessures résultant d'un duel ne constituent ni crime ni délit.

Ainsi jugeait la cour. D'une part, le silence de la loi, de l'autre, l'existence de cette convention étrange par laquelle chacune des parties, en s'exposant volontairement aux coups de l'autre, semble légitimer d'avance l'agression dont elle va devenir l'objet et peut-être la victime, tels étaient les motifs principaux sur lesquels elle s'appuyait. Mais cette doctrine, consacrée par tant d'arrêts, la cour allait, en 1837, la répudier tout à coup, et s'attacher sans retour à celle pour laquelle combattait M. Dupin.

II.

Sans prétendre diminuer le rôle joué dans ce revirement par l'éminent jurisconsulte, on peut dire que certaines circonstances lui vinrent en aide.

Depuis le dernier arrêt dans lequel la cour de cassation avait proclamé l'impunité du duel (1), une révolution avait passé sur la France ; un régime constitutionnel plus large s'était établi, et sous cette charte nouvelle il semblait que chaque citoyen fût tenu à un respect plus grand de la loi. Sous la monarchie de juillet, l'idée qu'on se faisait de l'honneur devait être différente de celle qu'on en avait eue sous la Restaura-

de cet arrêt que nous avons extrait les passages ci-dessus, entourés de guillemets. Bien que rendu par la section criminelle seulement, il avait été précédé d'une délibération intérieure et confidentielle des autres sections et la solution avait été adoptée presque à l'unanimité.

(1) 8 août 1828, B. 235, sections réunies.

tion; et le duel, reste de la féodalité, devait y rencontrer moins de faveur (1).

D'ailleurs, dès 1832, la loi même, en vertu de laquelle le duel était poursuivi, avait reçu une modification qui devait permettre de l'appliquer avec moins d'obstacle. On comprend que, sous l'empire du Code de 1810, on hésitât à infliger au duel des peines qui pouvaient paraître hors de proportion avec les faits qu'il s'agissait de réprimer; qu'on répugnât à prononcer ou à faire prononcer, dans tous les cas, la peine de mort contre l'homicide commis en duel. M. Cauchy (2) pense que ce sont ces considérations qui ont amené la cour de cassation à consacrer l'impunité du duel. Mais lorsqu'en 1832 on eut introduit dans le Code pénal cet article 463 qui constitue, à lui seul, une réforme radicale, et qui laisse aux magistrats la faculté de mesurer la peine aux degrés infinis de culpabilité des actes humains, il ne resta plus de prétexte pour ne point appliquer la loi.

J'ajoute qu'en entrant dans cette voie, la cour de cassation se mettait d'accord avec sa propre jurisprudence. En effet, elle n'hésitait point à condamner certains faits qui, par un côté, présentent avec le duel une analogie assez étroite. Tel est, par exemple, le fait de l'homme qui aide son semblable à se débarrasser de la vie. Dans ce cas, comme dans le duel, on se trouve en présence d'une circonstance commune. Dans le duel, chaque combattant autorise, en quelque sorte, son adversaire à le frapper, et se réserve seulement la faculté de parer les chances de mort qu'il court de son plein gré. De même,—et plus encore, puisqu'alors il n'y a aucune réserve,—l'homme qui emprunte pour s'arracher l'existence le secours d'une main étrangère donne sur lui droit de vie ou de mort à celui

(1) C'est, du moins, un argument que M. Dupin a invoqué à diverses reprises dans ses réquisitoires sur le duel.

(2) *Du Duel*, t. Ier, p. 309.

qui lui rend ce triste office, ou plutôt, pour parler comme M. Dupin, il lui délivre quittance de sa vie. Or, la cour de cassation professait que cet abandon volontaire de la vie n'empêchait pas celui qui prêtait son aide au suicide d'être un meurtrier (1). Sans doute, si la coopération n'avait pas été directe, elle ne lui semblait pas punissable, car le suicide en lui-même n'étant pas puni par la loi, la complicité de ce fait ne pouvait pas davantage être atteinte (2). Mais la cour pensait qu'il n'y avait de suicide proprement dit que lorsqu'une personne se donnait elle-même la mort, et que la remplacer dans la perpétration de cet acte de désespoir, n'était plus accomplir un fait de complicté, mais un fait principal, un meurtre (3).

Sa doctrine était la même, à l'égard des blessures faites du consentement de celui qui les avait reçues. Il s'en était présenté en 1813 un exemple intéressant. Un conscrit s'était fait, pour échapper au service militaire, couper une partie du pouce droit, justifiant ainsi, une fois de plus, l'étymologie latine du

(1) 14 juin 1816. Sirey. C. N. 5. 1. 205.
(2) 27 avril 1815, B. 28.
(3) 16 novembre 1827, B. 284. « Il importe peu, dit l'arrêt, que la mort ait été donnée du consentement, par la provocation ou par l'ordre de la personne homicidée; puisque ce consentement, cette provocation ou cet ordre ne constituent ni un fait d'excuse, aux termes des art. 321 et 322 C. pén. ni une circonstance exclusive de la culpabilité de l'action. aux termes des art. 327 et 328 de ce Code. Les lois qui protégent la vie des hommes sont d'ordre public; les crimes et délits contre les personnes ne blessent pas moins l'intérêt général de la société que la sûreté individuelle des citoyens, et aucune volonté particulière ne pourrait absoudre et rendre licite le fait que les lois ont déclaré punissable, sans autres conditions ni réserves que celles qu'elles ont expressément établies. »

mot « poltron. » L'individu qui, du consentement
du conscrit, avait opéré cette mutilation avait été poursuivi et acquitté par la cour de Bourges. La cour de
cassation cassa cet arrêt, en se fondant sur ce motif que
les blessures faites volontairement ne constituent, ni
crime ni délit que dans le cas où « elles sont com-
mandées, soit par l'autorité légitime d'après l'ordre
établi, soit par la nécessité actuelle de la légitime
défense de soi-même ou d'autrui, » et que « hors ces
cas et ceux où la loi les autorise, à raison d'une utilité
par elle reconnue, les blessures volontaires sont crimes
ou délits suivant les circonstances, et donnent lieu à
des poursuites contre celui qui est prévenu d'en être
l'auteur ou le complice (1). »

Ainsi, dans l'intérêt de l'unité de la jurisprudence,
il était désirable que la cour de cassation regardât
comme punissables les conséquences du duel. Mais,
déjà, ne l'atteignait-elle pas indirectement quand elle
décidait que le duelliste déclaré non coupable de
meurtre par le jury pouvait être condamné à des dommages-intérêts envers la veuve ou les enfants de celui
auquel il avait donné la mort (2)? Pourquoi, en effet,
s'il n'avait fait qu'user d'un droit, mettre à la charge
du duelliste les suites de son action ? Et n'était-ce pas
constater « une faute » de sa part que de le condamner à réparer le préjudice par lui causé ?

Mais, pour que la cour de cassation arrivât à la
doctrine de la répression directe contre le duel, il
fallait l'initiative d'un homme de talent et d'énergie
qui la conviât à un nouvel examen, fortifiât la conviction déjà formée des uns, dissipât l'hésitation des

(1) 13 août 1813. B. 178. — Voir aussi 2 août 1846,
Sirey. C. N. 5. 1. 224 et 2 juillet 1835, B. 262. — La
cour a, depuis, persisté dans cette doctrine. V. 23 juin
1838, B. 177 et 21 août 1851, B. 343.

(2) 29 juin 1827, B. 161.

autres, et triomphât de la résistance des plus hostiles. Cet homme fut M. Dupin.

III.

On a dit que M. Dupin avait été d'abord partisan du système de l'impunité du duel (1). Cette assertion est loin d'être exacte. Il est vrai que dans un écrit, publié en 1821 et intitulé : *Observations sur plusieurs points importants de notre législation criminelle* (2), il exprime la pensée qu'il serait convenable de faire une nouvelle loi sur le duel, et que les peines afflictives restant sans efficacité, il faudrait le punir plutôt de peines infamantes. S'ensuit-il que M. Dupin entendît que la loi existante n'avait pas prévu le duel? Nullement, et on le voit bien à l'ironie avec laquelle il parle de la fausse application qu'on en faisait alors : « D'où vient, dit-il, cette impunité pour le coup d'épée ou de pistolet, et cette sévérité pour les coups de poing? Certes on ne l'aperçoit guère, et la première fois que j'aurai à défendre un boxeur, je me propose bien de plaider que c'est un duel et qu'ainsi il n'y a pas de délit. »

On lui a reproché aussi d'avoir, en 1828, demandé, devant les assises de la Seine, l'acquittement d'un individu poursuivi pour un duel (3). Mais, il y a lieu de remarquer que, dans cette affaire, l'accusation ne prétendait pas que le duel en général fût crime ou délit, qu'elle ne voyait matière à poursuite qu'à raison des circonstances, qui révélaient sa déloyauté, que M. Dupin n'eut donc pas à plaider contre le ministère public la question de principe, et que, se plaçant sur le terrain des faits, il se borna à démontrer qu'ils ne contenaient de la part de son client

(1) Dalloz, v° *Duel*, n° 115.
(2) Page 294.
(3) Lecharpentier, acquitté le 17 mai 1828.

aucune perfidie. On ne saurait donc dire qu'il ait jamais soutenu le duel.

Loin de là, avant d'entamer la guerre qu'il lui fit devant la cour de cassation, il y avait déjà préludé en quelque sorte devant la Chambre des députés. A la séance du 13 juin 1835, une pétition avait été présentée à l'effet d'obtenir de nouvelles dispositions pénales contre les combats singuliers. M. Dupin, quittant le fauteuil de la présidence, était monté à la tribune pour formuler des observations, qui avaient frappé l'assemblée. « A la place de l'injure qui souvent devrait être dédaignée, avait-il dit, ou d'une répression qui devrait être demandée aux tribunaux, on inflige la peine de mort ! Ainsi chacun au gré de son caprice se fait tout à la fois législateur, juge, et exécuteur de la sentence qu'il a portée contre celui contre lequel il se bat. » Il ne pensait pas qu'un pareil fait pût rester impuni ; il voulait qu'il fût toujours l'objet d'une instruction et d'une poursuite que le juge apprécierait. Il avait demandé en conséquence le renvoi de la pétition au garde des sceaux, et avait expliqué sa proposition en déclarant que ce renvoi pouvait avoir pour effet d'amener dans la loi une modification peut-être désirable, tandis que l'ordre du jour ferait croire que le duel était permis par la loi en vigueur, ce qui n'était pas admissible.

Et devant la cour de cassation elle-même, à l'audience de rentrée du 7 novembre 1831, ne s'était-il pas prononcé assez clairement sur la question des duels, qu'il appelait « un reste sanglant de la brutalité féodale, institution barbare qui dans un gouvernement constitutionnel, bien plus que dans une monarchie absolue, constitue une égale offense à la morale et à l'ordre public (1) ? »

En un mot, M. Dupin croyait que la loi atteignait

(1) Voir le *Recueil des œuvres oratoires de M. Dupin.*

le duel ; mais, en présence de l'impunité qu'il rencontrait devant les tribunaux, il jugeait cette loi impuissante et pensait qu'elle devait être réformée. Mais s'il pouvait parvenir à faire appliquer cette loi améliorée d'ailleurs qu'elle était depuis 1832, il devenait inutile de recourir au législateur. Tel fut son but. Voyons comment il y parvint.

Il attendait avec impatience l'occasion de porter le débat devant la cour de cassation. Elle se présenta d'abord sous une forme indirecte.

Le sieur Baudet avait été tué en duel par le comte de Lamarthonie. L'instruction ouverte contre ce dernier par suite de ce fait ayant été terminée par une ordonnance de non-lieu, la dame Baudet, mère de la victime, avait formé contre lui une action en dommages-intérêts. Le tribunal de Bordeaux avait rejeté la demande, mais la cour royale, réformant ce jugement, avait condamné Lamarthonie à payer à la veuve Baudet la somme de 4,000 fr. Le condamné s'était pourvu en cassation.

M. Dupin porta la parole devant la chambre des requêtes. Il commença par louer l'arrêt de la cour de Bordeaux comme étant à la fois moral et légal. « Cependant, dit-il, cet arrêt est attaqué, il ramène avec lui la question du duel, et, quoique incidemment, il faut bien la traiter. J'en saisis volontiers l'occasion, car je vais plus loin à cet égard que M. le rapporteur : je ne suis pas dans le doute, c'est hautement que je condamne le duel et que j'appelle sur lui l'action des tribunaux. »

Toutefois, il n'aborde pas encore le côté juridique de la question ; il présente seulement des considérations tirées de la morale et de la raison : « Eh quoi ! dit-il, que l'on se provoque à l'épée ou au pistolet, qu'il s'agisse, non plus de quelques contusions, mais de la mort même, on revendiquera l'impunité ; on ira plus loin, on dira que les combattants ont *satisfait à*

l'honneur ! les journaux en rendront compte avec os-
tentation, avec éloge ! Et voilà comme, au milieu d'une
société polie qui se vante d'avoir surpassé en civilisation
les autres siècles, et qui, dans son orgueil, défie presque les siècles à venir, on jette dans les esprits l'idée
que les citoyens peuvent appeler de tout à la force,
placer toutes les questions à la pointe de l'épée, et
mettre leur volonté individuelle à la place de la loi ! —
Non, non, Messieurs, quel que soit à cet égard le préjugé (et, j'ose l'affirmer, il est moins général qu'on ne
le prétend), je ne crains pas de m'élever contre, de
toute la hauteur de mes fonctions, et de proclamer
que le duel est la violation de toutes les lois divines
et humaines. »

Et plus loin : « Voyez s'il n'est pas temps d'apporter
un remède au mal. Il gagne jusqu'aux écoliers. Ils
font aussi du point d'honneur ! Hélas que feront-ils
quand ils seront hommes, si, dès l'enfance, ils s'élèvent
dans cette idée que chacun dans ce monde est l'unique
vengeur de sa propre cause, sans subordination à
aucune loi, sans recours à l'autorité d'aucun magistrat ? — N'a t-on pas vu aussi un duel pour l'histoire,
entre l'historien d'une part, et de l'autre un officier qui
trouvait qu'on n'avait pas assez bien traité la gloire de
son général, comme si la vérité d'un fait historique
pouvait dépendre d'un coup d'épée (1) !... On ne
s'arrête pas dans cette carrière : on voit des fonction-
naires appelés en duel à raison de leurs fonctions (2),
des duels parlementaires (3), des députés provoqués
pour avoir signalé avec indépendance ou avec courage
des faits qu'ils ont cru de leur devoir de signaler

(1) Duel du comte Philippe de Ségur, auteur de *la
Campagne de Moscou*, avec le général Gourgaud.

(2) Provocation adressée à M. le marquis de Dalmatie
pour un fait relatif à ses fonctions diplomatiques.

(3) M. Dulong, député, tué en duel par un de ses col-
lègues.

au pays (1)! On pourrait aussi voir les juges amenés en champ clos pour soutenir le bien jugé de leurs sentences, comme au douzième siècle, où l'appel était considéré comme un démenti. — Messieurs, si le préjugé se perpétue encore dans quelques esprits, il n'en n'est pas moins féroce, il n'en est pas moins absurde, et le moment, je pense, est venu de dire : « Honneur à ceux qui refusent un duel, et qui rendent ainsi un hommage à la loi du pays, à la société tout entière ! »

Enfin, le procureur général termine par cette déclaration : « Je désire que la question se produise devant la cour, qu'elle s'y produise nettement ; je la traiterai, non à l'improviste, comme aujourd'hui, mais d'une manière plus complète et plus étendue ; j'appellerai sur elle tout votre examen, nous détruirons ainsi le préjugé fatal qui a pu s'attacher à une jurisprudence antérieure, trop peu réfléchie. Aujourd'hui, et dans la question purement civile qui vous est soumise, je conclus au rejet du pourvoi en accordant tous mes éloges à la cour qui a rendu ce que j'appellerai un très-bel arrêt. »

Ces conclusions obtinrent l'adhésion unanime de la cour qui, par un arrêt du 30 juin 1836, et sans même se lever pour délibérer, rejeta le pourvoi de Lamarthonie (2).

IV.

Ce succès était pour M. Dupin un encouragement. Moins d'un an après, il put remplir l'engagement qu'il avait solennellement contracté de traiter d'une façon approfondie la question du duel.

(1) Provocation adressée en juin 1836 à **M.** de Briqueville, à l'occasion d'un fait qu'il avait signalé en discutant le budget de la guerre. Le duel n'eut pas lieu, grâce aux efforts des témoins de **M.** de Briqueville et du président de la chambre.

(2) Sirey, 34.4.732.

Le procureur général près la cour royale d'Orléans s'était pourvu en cassation contre un arrêt de la chambre des mises en accusation de cette cour, du 29 avril 1837, portant : qu'il n'y avait lieu à suivre contre le sieur Pesson, agréé à Tours, qui avait tué en duel le sieur Baron, avoué. M. Dupin monta à l'audience de la chambre criminelle, présidée par M. Portalis. Une immense affluence l'attendait. Il commença ainsi :

« Messieurs, la question des duels préoccupe vivement les esprits ; elle a pu diviser les opinions, être appréciée différemment selon les temps, la forme des gouvernements, le progrès des idées et les divers degrés de la civilisation : les uns considérant le duel comme un droit, une sorte de palladium de la dignité individuelle ; d'autres comme un préjugé déplorable, mais qu'il convenait de ménager ; d'autres enfin, comme un reste de féodalité et de barbarie, comme un acte antisocial. Ces opinions diverses ont traversé les divers âges de notre histoire ; elles ont fréquemment occupé les législateurs et les gens du monde, les moralistes et les jurisconsultes ; mais, entre tous, les hommes les plus vertueux, les plus sages, et j'ose dire les plus fermes et les plus indépendants, ont été d'avis que les duels sont un désordre qui ne saurait être toléré dans une société bien réglée, et que les homicides ou les blessures qu'ils entraînent sont de véritables crimes qu'il importe essentiellement de réprimer. — Quelques arrêts déjà anciens (car le dernier est de 1828) ont accusé l'imprévoyance du législateur ; ils ont prétendu qu'il y avait sur ce point une lacune dans le code de nos lois pénales et, tout en déplorant l'impunité, ils l'ont consacrée ; mais d'autres voix plus nombreuses se sont élevées pour l'opinion contraire ; elles ont prévalu dans d'autres arrêts ; la nécessité d'un nouvel examen est réclamée de toutes parts... Il m'en coûte ici de combattre la jurisprudence de la cour ; mais je lui dirai avec Henrys : « S

» l'on était toujours demeuré aux termes des pre-
» miers arrêts, notre jurisprudence n'aurait pas si
» heureusement changé qu'elle a fait en plusieurs cir-
» constances. Ce changement procède, ou de ce qu'on
» cherche mieux les principes, ou de ce que l'étude
» et l'expérience nous donnent de nouvelles lumiè-
» res. » La cour a plusieurs fois donné l'exemple de
ces retours sur elle-même, après un nouvel examen ;
loin d'en souffrir, sa considération s'en est accrue,
parce qu'en cela elle a montré d'autant mieux qu'elle
ne cherche en tout que la vérité dans l'application
de la loi.

L'exorde était habile, et propre, selon le précepte
de l'art, à concilier à l'orateur la bienveillance de son
auditoire. Quand il se la sont assurée, il entre dans
la partie historique de la question. Il montre que le
duel dérive de l'ancienne justice du champ-clos ; que
cet usage barbare avait ses lois, ses statuts. A la lon-
gue, les rois entreprennent de s'élever contre cette
pratique. Saint Louis la défend dans ses domaines, au
chapitre 22 de ses *Establissemens;* Philippe le Bel
cherche à la concentrer entre les barons ; on établit
en principe que le roi seul peut autoriser les duels.
Il est vrai que les nobles se passent de ces autorisations. De là, la nécessité d'une législation spéciale
pour vaincre cette résistance, et régler les questions
d'honneur entre gentilshommes. « Cette législation dit
M. Dupin, toute spéciale pour la conservation de la
vie et de l'honneur des gentilshommes, et au fond pour
les tenir dans le respect des ordres du roi, était
fondée sur la juridiction du point d'honneur insti-
tuée par l'édit de Louis XIII de 1626, et elle ne pouvait, comme on peut le voir par les termes de cet édit,
recevoir d'application qu'aux combats des nobles, qui
seuls prétendaient, comme dit Pasquier, faire profes-
sion expresse de l'honneur. — Quant aux combats
qui n'avaient lieu qu'entre roturiers et vilains, aux-

quels l'usage des armes réputées nobles était interdit,
ils rentraient, comme les luttes à coups de poing et à
coups de bâton, dans le droit commun ; on en pour-
suivait seulement les conséquences lorsqu'elles étaient
passibles d'une peine aux termes des lois générales. »

La révolution de 1789 emporte, avec les priviléges
de la noblesse, la juridiction exceptionnelle des duels;
et le Code pénal de 1791 ne contient aucune disposition
sur ce point. Qu'en résulte-t-il ? Que le duel rentrait
dès lors dans le droit commun ; que la loi applicable
jadis aux vilains seulement, était devenue applicable
à tous les citoyens, principe conforme à la Consti-
tution de 1791 qui proclamait qu'à l'avenir « les mêmes délits seraient punis des mêmes peines, sans dis-
tinction des personnes. »

Un décret du 17 septembre 1792 vient confirmer ce
système. Ce décret porte que « tous procès et jugements
contre des citoyens, depuis le 14 juillet 1789, sous prétexte de provocation en duel, sont abolis. » Or, pourquoi
amnistier les duels qui avaient pu avoir lieu depuis
1791, si, à partir de cette époque, ils n'étaient
défendus par aucune loi ? On objecte un décret de la
Convention du 29 messidor an II qui, statuant sur la
question de savoir « si les dispositions de l'art. 11
de la IVe section du Code pénal militaire doivent
s'appliquer à la provocation en duel par le militaire
inférieur envers son supérieur, hors le cas de service »,
décide que l'article cité ne contient « ni sens ni ex-
pression qui s'applique à la provocation en duel », et
« renvoie à la commission du recensement et de la
rédaction complète des lois, pour examiner et propo-
ser les moyens d'empêcher les duels, et la peine à
infliger à ceux qui s'en rendraient coupables, ou qui
les provoqueraient. » Mais il ne s'agissait, dans l'espèce, que d'une question de discipline militaire, et la
difficulté portait sur le Code militaire du 12 mai

1793 et non sur la loi pénale ordinaire des 25 septembre-6 octobre 1791.

Le Code des délits et des peines du 3 brumaire an IV n'apporte aucun changement à cette loi. En l'an IX, un doute s'élève sur la question ; il est résolu aussitôt dans le sens de la criminalité du duel par un avis du ministre de la justice, rapporté par Fleurigeon, dans son *Recueil administratif*, t. 5, page 290, au mot *Duels*.

Le Code pénal de 1810 prend les choses dans l'état où elles se trouvaient ; il maintient le droit commun, et, pas plus que les Codes précédents, il ne range le duel dans la catégorie des causes qui peuvent excuser soit le meurtre, soit les simples blessures. Au reste, l'intention du législateur ressort avec évidence de l'exposé des motifs, présenté au nom de la commission de législation par M. de Montseignat, à la séance du 17 février 1810. Voici les termes de ce rapport : « Vous vous demandez peut-être, Messieurs, pourquoi les auteurs du projet de loi n'ont pas désigné particulièrement un attentat aux personnes trop malheureusement connu sous le nom de duel ; c'est qu'il se trouve compris dans les dispositions générales qui vous sont soumises. Nos rois, en créant des juges d'exception pour ce crime, l'avaient presque ennobli ; ils avaient consacré les atteintes au point d'honneur, en voulant les graduer ou les prévenir ; en outrant la sévérité des peines, ils avaient manqué le but qu'ils voulaient atteindre. Le projet n'a pas dû particulariser une espèce qui est comprise dans un genre dont il donne le caractère (1). »

(1) « En vain, ajoute le rapporteur, voudrait-on invoquer une convention entre les duellistes et la réciprocité des chances qu'ils ont voulu courir dans une action qui, le plus souvent, n'offre de la volonté que les apparences. Et comment d'ailleurs chercher un usage légitime de la liberté dans l'horrible alternative de se faire égorger ou de donner la mort? Sans doute une fausse opinion couvre

De telles paroles ne sont-elles pas convaincantes, surtout quand on remarque qu'elles ne sont pas sorties d'une improvisation, mais d'un discours écrit, arrivé au Corps législatif avec la loi dont il exposait les motifs, et qui était « la vive voix » de ce corps, à une époque où toute discussion orale était interdite à ses membres, enfin que ce discours fut suivi d'un vote immédiat, impliquant une adhésion complète à la doctrine qu'il émettait.

La législation anglaise n'hésite pas à punir le duel, et toutes les distinctions qu'il comporte sont prévues par elle. « Pourquoi faut-il, s'écrie M. Dupin, que chez nous la jurisprudence des arrêts ait méconnu ces principes, et que depuis 1818 la question, qui n'avait pas été soulevée sous l'empire, ait été résolue dans le sens de l'impunité du duel?... Nous serions le seul peuple de l'Europe, que dis-je! le seul pays du monde que ses législateurs eussent à ce point délaissé! La France en particulier n'a jamais été ainsi désarmée, à aucune époque de son histoire. Et, près de nous, ne voyons-nous pas un État qui, en se séparant de notre gouvernement politique, a conservé nos lois pénales, la Belgique, dont les cours ont

et protége les coupables; elle les égare et les excite par une méprise d'idées sur la bravoure, l'honneur et la vengeance; et cette fausse opinion parvient peut-être à leur persuader qu'il est ignoble d'attendre de la marche grave et lente de la justice la réparation d'un outrage, et qu'on ne doit porter aux tribunaux que les contestations qui prennent leur source dans des intérêts pécuniaires. La loi ne saurait transiger avec un aussi absurde préjugé, et cependant l'extirpation de ce préjugé a depuis longtemps échappé à la puissance du législateur. Espérons que le moment est arrivé de faire disparaître de nos mœurs cette rouille de la barbarie de nos ancêtres, de sauver nos lois et nos usages d'une contradiction aussi choquante, et de ne plus placer les individus entre la honte et l'échafaud. »

2

fondé sur ces mêmes lois une tout autre jurisprudence, aux applaudissements de l'Europe chrétienne et civilisée?»

Puis, passant aux objections morales, le procureur général les réfute avec véhémence: « La convention des parties, en pareille matière! dit-il, est-ce donc que tout indistinctement peut tomber en convention ? Oublie-t-on les limites que la loi a, dans tous les temps, apportées à la liberté des conventions? Oublie-t-on qu'elle défend celles qui ont pour objet des causes illicites, et qu'elle répute telle toute convention contraire aux bonnes mœurs ou à l'ordre public ?... La simultanéité d'attaque et de défense! Mais cette simultanéité fait précisément qu'il n'y a pas de défense dans le sens de la loi. Il n'y a pas défense nécessaire, puisqu'il y a, en même temps, agression ; qu'on cherche bien plus à donner la mort qu'à s'en garantir, et que si l'on cesse un instant de chercher à tuer son adversaire, il est très-vrai qu'on ne se défend plus! La défense n'est pas nécessaire, surtout en ce sens que c'est de son plein gré, et par suite d'un rendez-vous préalablement donné, qu'on se crée le péril dont on veut ensuite se garantir. Que dire, d'ailleurs, de ces duels alternatifs où, après le premier coup de pistolet parti, celui qui a essuyé le feu tire à son tour de sang-froid et avec le sentiment que son adversaire seul est maintenant en danger de succomber?... »

Arrivé à ce point, l'organe du ministère public a accompli la plus lourde partie de sa tâche ; il ne lui reste plus qu'à frapper un dernier coup, qu'à faire appel à la conscience de la cour. Ici son émotion, contenue pendant le cours de son réquisitoire, se manifeste avec force, et il s'écrie : « Magistrats, je vous en adjure, revenez sur une jurisprudence erronée, fatale à l'ordre public, à la morale, au sentiment religieux! La cour entière, et avec elle tous les gens de bien applaudiront à votre arrêt ! (*Mouvement.*) Le préjugé ne peut agir sur vous ! Au sein même de la société, nous le voyons s'affaiblir chaque jour. Mais, quelque vivace qu'on le suppose, s'il est contraire à la raison et à la loi, s'il blesse profondément les règles de la morale et de l'ordre public, sommes-nous donc des magistrats pour y céder ou plutôt pour y résister ? Hélas ! Messieurs, faites attention au temps où nous vivons. Aucun ne fut plus favorable pour rendre aux vrais principes du droit leur légitime action. Le gouvernement constitutionnel est celui de la loi, et le régime de la loi exclut tout appel à la violence individuelle. — La théorie des duels, je l'affirme hautement, est la destruction de l'ordre légal ; c'est récuser en masse la société civile, ses lois, ses tribunaux ; c'est se faire justice à soi-même ; s'instituer législateur, juge et bourreau dans sa cause, en attachant, de son autorité privée, la peine de mort aux causes souvent les plus futiles et les plus légères, quand ce ne sont pas les plus honteuses et les plus flétrissantes... Est-ce donc là, magistrats, ce que nous sommes appelés à préconiser dans le sanctuaire de la justice? Et puis on viendra se plaindre que l'esprit de révolte et d'insubordination fait des progrès ! Et qu'est-ce donc, je vous prie, que l'émeute, si ce n'est un grand duel, un défi avoué, proposé à la société ? (*Sensation.*) — Pour moi, ma conviction sur cette question est formée au plus haut degré. Si mes efforts étaient impuissants cette fois, je les renouvellerais. En toute occasion, je m'élèverai contre l'illégale et immorale pratique des duels ; j'éloignerai de ma conscience d'homme public et de magistrat le plus cuisant des remords, celui d'entretenir, au sein de la société, un préjugé homicide et de contracter une sorte de complicité dans tous les duels dont la fréquence et l'impunité se trouveraient encouragées par la plus funeste de toutes les erreurs de droit. — Croyez-moi, Messieurs, ce qu'il faut dans ces circonstances, ce que la société française attend, ce n'est pas une autre loi, c'est un autre arrêt. » (*Mouvement général et prolongé de vive approbation.*)

Cet arrêt fut rendu. Le 22 juin 1837, la cour, revenant sur sa jurisprudence, proclama la criminalité de l'homicide commis en duel, cassa l'arrêt de la cour royale d'Orléans et renvoya l'affaire du sieur Pesson devant la cour royale de Bourges (1).

(1) « Après cet éloquent réquisitoire improvisé sur de simples notes, avec une chaleur, une énergie et un ton de conviction qui ont produit sur tout l'auditoire la plus profonde impression, la cour se retire dans la chambre du Conseil pour délibérer. » (*Gazette des Tribunaux.*) « Deux heures s'écoulent, la cour rentre en audience publique, et le premier président, au milieu du plus profond silence, prononce l'arrêt. » (Dupin, *Recueil de ses réquisitoires.*)

Nous devons reproduire ici le texte complet de cet arrêt qui a servi de type à ceux qui l'ont suivi. Il est ainsi conçu :

« La Cour, après en avoir délibéré dans la chambre du Conseil ;

» Vu les articles 295, 296, 297, 302, 309, 340 et 328 du C. pén. ;

» Attendu que si la législation spéciale sur les duels a été abolie par les lois de l'Assemblée constituante, on ne saurait induire de cette abolition une exception tacite en faveur du meurtre commis et des blessures et coups volontaires portés par suite du duel ;

» Que, sous le code des délits et des peines de 1791, les meurtres, blessures et coups étaient restés sous l'empire du droit commun ; que le décret d'ordre du jour du 29 messidor an II ne se réfère qu'au code militaire, et n'est relatif qu'à de simples provocations de militaires d'un grade inférieur envers le supérieur ;

» Que le code de l'an IV a été rédigé dans le même esprit que celui de 1791, et ne contient aucune disposition nouvelle sur cette matière ;

» Attendu que les dispositions des art. 295 et 296 du

V.

Il s'en fallait bien que l'arrêt du 22 juin 1837 fût le terme des travaux de M. Dupin sur la question du duel. La cour de Bourges, sur le renvoi qui lui avait été fait de l'affaire Pesson, ayant jugé comme la cour d'Orléans, un second pourvoi fut formé contre cet arrêt, et l'affaire se produisit de nouveau devant la cour de cassation.

Les circonstances étaient solennelles. La loi du 1er avril 1837, récemment mise en vigueur, et qui n'avait pas encore été appliquée plus de six fois en matière criminelle, devait l'être dans l'espèce. C'était donc devant toutes les chambres réunies que la cause était renvoyée. Si la cour de cassation persistait dans la doctrine du précédent arrêt, cette doctrine devait, en vertu de la loi nouvelle, s'imposer à la cour saisie ultérieurement de l'affaire et faire loi au procès. Si,

C. pén. sont absolues et ne comportent aucune exception; que les prévenus des crimes prévus par ces articles doivent être dans tous les cas poursuivis;

» Que si, dans les cas prévus par les art. 327, 328 et 329 du même code, les chambres du conseil et les chambres d'accusation peuvent déclarer que l'homicide, les blessures et les coups ne constituent ni crime ni délit parce qu'ils étaient autorisés par la nécessité actuelle de la légitime défense de soi-même ou d'autrui, on ne saurait admettre que l'homicide commis, les blessures faites et les coups portés dans un combat singulier, résultat funeste d'un concert préalable entre deux individus, aient été autorisés par la nécessité actuelle de la légitime défense de soi-même, puisqu'en ce cas le danger a été entièrement volontaire, la défense sans nécessité, et que ce danger pouvait être évité sans combat;

» Attendu que si aucune disposition législative n'incrimine le duel proprement dit et les circonstances qui préparent ou accompagnent cet acte homicide, aucune disposition de la loi ne range ces circonstances au nombre

au contraire, elle abandonnait cette voie pour revenir à ses premiers errements, M. Dupin n'avait rien fait pour le gain de sa cause. On conçoit donc l'importance qui s'attachait à l'arrêt des chambres réunies.

M. Dupin sollicita avec confiance la confirmation de son système et, au milieu de l'attention générale, il prit la parole en ces termes :

« Messieurs, un grand assentiment public avait suivi votre arrêt contre les duels. Solennellement discuté, mûrement réfléchi, profondément motivé, tous ceux qui s'intéressent au maintien de la morale publique y avaient applaudi. Les familles se rassuraient, la société commençait à en ressentir les heureux effets ; des duels avaient été refusés, sans que la considération des personnes en eût souffert aux yeux du monde. La Chambre des députés avait donné son approbation à l'un de ces refus ; et ceux-là même qu'on avait vus naguère chercher une satisfaction dans un duel à mort, donnant un meilleur exemple, avaient recouru à la

de celles qui rendent excusables le meurtre, les coups et les blessures ;

» Que c'est une maxime inviolable de notre droit public que nul ne peut se faire justice à soi-même ; que la justice est la dette de la société tout entière et que toute justice émane du roi, au nom duquel cette dette est payée (art. 48 de la Charte) ;

» Que c'est une maxime non moins sacrée de notre droit public que toute convention contraire aux bonnes mœurs et à l'ordre public est nulle de plein droit (art. 6 du C. civ.) ; que ce qui est nul ne saurait produire d'effet et ne saurait, à plus forte raison, paralyser le cours de la justice, suspendre l'action de la vindicte publique et suppléer au silence de la loi, pour excuser une action qualifiée crime par elle et condamnée par la morale et le droit naturel ;

» Attendu qu'une convention par laquelle deux hommes prétendent transformer de leur autorité privée un crime qualifié en action indifférente ou licite, se remettre d'a-

justice pour en obtenir la réparation des injures plus
récentes dont ils étaient devenus l'objet. Déjà la jurisprudence des cours royales reprenait son ancienne
direction, et la cour d'Aix, par exemple, avait rendu
deux arrêts conformes à votre dernière décision. On a
été généralement surpris que la cour saisie par votre
renvoi n'eût pas suivi la même impulsion. Et pourtant
il ne faut point s'en affliger, puisque vous y trouverez
l'occasion, qui, sans cela, eût pu se faire attendre,
de terminer la lutte par un arrêt solennel, qui, cette
fois, sera souverain. »

L'orateur reprend alors les principales raisons ex-
posées dans son précédent réquisitoire. Il sait les ra-
jeunir en les appuyant de documents savants, en
les enrichissant de citations faites avec à-propos. Il
combat les motifs sur lesquels repose l'arrêt dont
la cassation est demandée.

« On a parlé, dit-il, de l'opinion des auteurs, et
l'arrêt de la cour de Bourges va jusqu'à citer nomina-

vance la peine portée par la loi contre ce crime, s'attri-
buer le droit de disposer mutuellement de leur vie, et
usurper ainsi doublement les droits de la société, rentre
évidemment dans la classe des conventions contraires aux
bonnes mœurs et à l'ordre public;

» Que si, néanmoins, malgré le silence de la loi et le
vice radical d'une telle convention, on pouvait l'assimiler
à un fait d'excuse légale, elle ne saurait être appréciée
qu'en cour d'assises, puisque les faits d'excuse, admis
comme tels par la loi, ne doivent point être pris en considération par les chambres du conseil et les chambres
d'accusation, et ne peuvent être déclarés que par le
jury;

» Qu'il suit de là que toutes les fois qu'un meurtre a
été commis, que des blessures ont été faites, que des
coups graves ont été portés, il n'y a pas lieu, par les juges
appelés à prononcer sur la prévention ou l'accusation, au
cas où ce meurtre, ces blessures ou ces coups ont eu lieu
dans un combat singulier, dont les conditions ont été

tivement M. Merlin. C'est sans doute une autorité fort respectable que celle de ce docte jurisconsulte; mais le savoir, même le plus étendu, s'éclaire par l'expérience des faits et par la réflexion. — Le plus grand jurisconsulte de Rome, Papinien, s'était trompé sur une question, et il n'hésita point à dire : « J'étais d'abord » de cet avis autrefois, mais Sabinien m'a ramené à son opinion. » — *Sic nobis aliquando placebat; sed in contrarium me vocat Sabini sententia.* Eh bien ! Messieurs, tel a été le langage de M. Merlin. Après votre arrêt, ce savant magistrat, mon prédécesseur, modèle que je ne puis certainement atteindre dans le genre qu'il a si fort illustré, m'écrivit une lettre trop flatteuse pour que j'en donne ici lecture; il me dit : « Votre réquisitoire m'a convaincu, j'adhère à la doctrine de l'arrêt. »

On dit, et chacun le croira sans peine, que ce passage du discours de M. Dupin produisit sur la cour une sensation profonde. Il en profita pour poursuivre

convenues entre l'auteur du fait et sa victime, de s'arrêter à cette convention;

» Qu'ils ne peuvent, sans excéder leur compétence et sans usurper les pouvoirs des jurés, surtout sous l'empire de la loi du 28 avril 1832, statuer sur cette circonstance, puisque, lors même qu'elle pourrait constituer une circonstance atténuante, ce serait aux jurés qu'il appartiendrait de la déclarer;

» Que si, aux termes de la loi constitutionnelle de l'État (Charte, art. 56), aucun changement ne peut être effectué à l'institution des jurés que par une loi, les tribunaux ne sauraient, sans porter atteinte à cette disposition et à cette institution, restreindre, et moins en semblable matière qu'en toute autre, la compétence et la juridiction des jurés;

» Attendu qu'il résulte de l'arrêt attaqué que, le 29 janvier dernier, Pesson a, dans un combat singulier, donné la mort à Baron; que, néanmoins, la chambre d'accusation de la cour royale d'Orléans a déclaré n'y avoir lieu

avec force son argumentation, qu'ici peut-être il
pousse un peu trop loin, mais qu'il faut rappeler pour
son éloquence. « C'est à travers le prisme des illu-
sions qu'on se fait, dit-il, que l'on proclame l'immense distance qu'il y a entre le duelliste et l'assassin
vulgaire : l'un, dit-on, veut tuer pour voler ou pour se
venger, l'autre ne cherche qu'à défendre son honneur!
Ainsi tout dépendra d'un motif supposé et de ce qu'on
peut appeler une bonne direction d'intention. Ah !
Pascal ! illustre ami du sage Domat, si semblable à lui
par la hauteur de ta raison et la pureté de ta morale,
viens nous dire si ce n'est pas à l'aide de tels so-
phismes que certains casuistes de ton temps excusaient
le vol commis par nécessité dans un pressant besoin,
et permettaient même aux domestiques de prendre
le bien de leurs maîtres, pourvu que ce ne fût pas avec
l'intention de voler, mais seulement d'élever leurs
gages à la somme qu'ils estimaient légitimement leur
être due? »

Enfin il termine par cette péroraison : « Magistrats, la mission que vous avez à remplir aujour-
d'hui est sublime! Vous êtes appelés à faire cesser le
désordre introduit dans les esprits par les funestes va-
cillations de la jurisprudence. Hâtez-vous donc de les
fixer par un arrêt solennel. Qu'une exécution ferme
et mesurée s'ensuive, et ce préjugé d'un autre âge,
le dernier de ceux que nous a légués la brutalité féo-

à suivre contre ledit Pesson, par le motif que ce fait ne
rentre dans l'application d'aucune loi pénale en vigueur,
et ne constitue ni crime, ni délit; qu'en jugeant ainsi,
ladite cour a expressément violé les art. 295, 296, 297 et
302 du C. pén. et faussement appliqué l'art. 328 du
même code;

» Par ces motifs, la cour casse et annule l'arrêt rendu
par la cour royale d'Orléans, renvoie devant la cour
royale de Bourges, chambre des mises en accusation. »
(B. 184.)

dale, aura disparu devant l'ordre légal et constitutionnel ! »

Telles furent les dernières paroles de ce réquisitoire mémorable (1).

Tant de persévérance ne devait pas être perdue. La cour, après une heure et demie de délibération, rendit, le 15 décembre 1837, presque à l'unanimité, et dans des termes identiques, sauf quelques différences de rédaction presque insensibles, à ceux de l'arrêt du 22 juin, un arrêt cassant celui de la cour de Bourges et renvoyant l'affaire devant la cour de Paris, qui devait prononcer comme la cour de cassation (2).

VI.

Dès lors, l'ordre et la société avaient vaincu. Depuis, quarante-deux arrêts ont été rendus dans le même sens par la cour de cassation, sept d'entre eux par toutes les chambres réunies (3). La doctrine s'est assise et complétée ; elle a formé un véritable code de répression des duels ; la complicité a été atteinte comme le fait principal, et l'on a pu voir, par ce nouvel exemple, combien une idée juste est féconde en conséquences.

Chaque fois que, pendant la durée de ses fonctions, la question s'est représentée devant les chambres réu-

(1) On lit dans la *Gazette des Tribunaux* de l'époque que ce réquisitoire produisit une profonde sensation sur l'auditoire, que les magistrats en se levant pour se rendre dans la salle des délibérations adressèrent les plus vives félicitations au procureur général, qui recueillit en passant devant le barreau les mêmes témoignages d'admiration.

(1) B. 430.

(2) Voici les dates de ces derniers · 2 février 1839, B. 35 ; 11 décembre 1839, B. 375 ; 25 mars 1845. B. 109 ; 22 août 1848. Sirey, 48. 1. 630 ; 21 juillet 1849 (deux arrêts), B. 172 ; 18 février 1854, B. 43.

nies, M. Dupin a eu à cœur d'occuper le siége du ministère public. Il ne s'est pas contenté de remplir ce devoir. Dans le sein de la Chambre des députés, il n'a pas manqué de prendre la parole sur les pétitions ayant le duel pour objet (1). Il ne demandait plus alors le renvoi des pétitions au garde des sceaux, comme il l'avait fait avant l'arrêt du 22 juin 1837. La situation, en effet, était changée. La jurisprudence nouvelle de la cour ouvrant au parquet un mode de répression contre les duels, il n'y avait plus lieu d'appeler sur les faits de cette nature la sollicitude du gouvernement, et l'ordre du jour devait être proposé. C'est ce que demanda M. Dupin, quand il eut à s'occuper des pétitions sur le duel depuis 1837. Il fit plus : en même temps qu'il combattit les duels au nom de la loi et de la raison, il en empêcha plus d'un par sa haute influence de président de la Chambre. En un mot, il les poursuivit sous toutes les formes et partout où il les rencontra.

Le suivrons-nous devant la cour de cassation dans chacune des affaires où il soutint cette lutte? Ce ne ne serait certes pas sans profit, mais il faut nous borner à relever ce qui, dans ces argumentations diverses, présente quelque point de vue qui ne figure point dans celles dont nous avons déjà parlé.

C'est ainsi que dans le réquisitoire qui a précédé l'arrêt du 2 février 1839 (2), il rappelait en ces termes devant la cour une de ses démarches à la Chambre des députés contre l'impunité du duel. Il en tirait une nouvelle preuve en faveur de son système. « Messieurs, disait-il, depuis votre arrêt, une autorité imposante est venue se joindre à la nôtre. En 1838, à la séance du 27 avril, on a rapporté à la Cham-

(1) Séances des 27 avril 1838, 26 avril 1845 et 8 mai 1847.

(2) B. 3 5.

bre des députés une pétition qui réclamait une loi sur les duels, supposant que dans l'état actuel de la législation il n'y a pas de loi qui les atteigne. La commission avait proposé le renvoi de cette pétition au ministre, et j'en compris aussitôt le danger. Je demandai l'ordre du jour, et je me fondai tout à la fois et sur la loi de 1810, et sur votre arrêt qui en déterminait la portée, et sur cette considération que si, en cet état, on renvoyait au garde des sceaux une pétition qui supposait l'absence de toute législation sur les duels, ce serait offrir aux partisans des duels et aux accusés un moyen de se soustraire à la loi existante, sous prétexte de la loi à faire. — Ces considérations, Messieurs, furent accueillies avec une faveur marquée par la Chambre. Les orateurs qui s'étaient inscrits pour parler en faveur de la pétition déclarèrent renoncer à la parole, et l'ordre du jour fut adopté à la presque unanimité. Or, croyez-vous qu'il en eût été ainsi, si la Chambre eût pensé qu'en effet la législation actuelle était inapplicable aux meurtres commis en duel, lorsque cependant on lui présentait les arrêts et notamment votre jurisprudence, comme professant le contraire? Assurément non ; en ce cas, il y eût eu un soulèvement d'opinions en sens inverse, et l'on eût renvoyé la pétition au ministre pour faire cesser le scandale d'une jurisprudence qui aurait puni comme crime un fait non prévu par la loi. Nous pouvons donc le proclamer avec satisfaction : l'autorité du législateur est venue, dans cette circonstance, fortifier l'autorité de votre jurisprudence. »

Dans l'affaire qui a donné lieu à l'arrêt du 21 juillet 1849 (1), il combat, au contraire, cette autorité du législateur qui ne lui paraît point applicable à l'espèce. Sur une demande en autorisation de poursuites contre deux membres de l'Assemblée nationale,

(1) B. 172.

MM. Bourbousson et Reynaud-Lagardette, qui s'étaient battus en duel le 8 décembre 1848 et blessés, la commission nommée par l'Assemblée pour l'examen de cette demande avait conclu au rejet, en se fondant sur le motif que le duel ne tombait pas sous le coup de la loi. Le rapporteur, M. Davy, disait en terminant, dans la séance du 20 mars 1849 : « La commission a été parfaitement nette dans le rapport qu'elle a présenté ; elle persiste complétement dans les motifs qu'elle a énoncés dans le rapport ; il lui paraît que l'adoption de sa résolution entraîne également celle des motifs qui lui ont servi de base. » Et ces paroles avaient été immédiatement suivies de l'adoption de la proposition (1). On pouvait penser que cet incident serait propre à jeter de nouveaux doutes dans l'esprit de la cour. M. Dupin en discuta la portée en disant : « Quant au refus de l'Assemblée nationale, dans sa séance du 20 mars 1849, d'autoriser des poursuites entre deux représentants prévenus de s'être battus en duel, ce refus ne peut pas être invoqué en justice. En effet, dans les demandes d'autorisations de poursuites, l'Assemblée nationale ne juge ni la qualité du fait incriminé, ni le degré de culpabilité des personnes; elle lève ou elle maintient la prérogative d'inviolabilité parlementaire de ses membres au point de vue politique, et voilà tout. Si une Assemblée législative voulait changer la législation et faire une loi spéciale contre les duels, elle le peut, mais il faut qu'elle le fasse ! alors on obéit à la loi nouvelle. » Jusque-là, ajoutait-il, il faut respecter la loi existante.

Voilà comment, dans chaque affaire, il savait détruire les objections sans cesse renaissantes et consolider les bases de son système. De son côté, la cour de cassation ne se lassait pas de formuler dans une série d'arrêts remarquables ce qu'il avait exprimé dans le style animé de ses réquisitoires. Pour lui, il put se

(1) *Moniteur* des 10 et 28 mars 1849, page 801 et 949.

dire, à la fin de sa carrière, qu'il avait bien rempli la tâche qu'il s'était proposée et qu'il n'avait point failli à cette constance et à cette suite dans la volonté qui, selon la maxime qu'il aimait à rappeler, forment le caractère principal de la justice : « Justitia est constans et perpetua voluntas jus suum cuique tribuendi. »

Après lui, l'œuvre du ministère public n'a point été abandonnée. Un autre procureur général l'a continuée dignement dans la dernière affaire suivie d'un arrêt des chambres réunies. Il semble que ce fût à M. de Royer qu'était réservé l'honneur d'achever la défaite de l'ancienne doctrine sur le duel, car depuis cet arrêt, la question ne s'est plus présentée qu'une fois devant la cour de cassation. Elle paraît aujourd'hui définitivement jugée.

Pourquoi la jurisprudence actuelle de la cour exerce-t-elle encore si peu d'empire sur l'esprit public ? Pourquoi, tandis que les magistrats poursuivent et condamnent le duel, les citoyens hésitent-ils à y voir un crime ou un délit ? Faut-il s'en prendre au préjugé ou à l'imperfection de la loi ? Quoi qu'il en soit, espérons que, par la réforme de l'une ou par la destruction de l'autre, cet antagonisme cessera, et que l'accord s'établira entre la loi et l'opinion.

Paris.—Imprimerie de E. Donnaud, rue Cassette, 9.